AF259991

MAGASIN THÉÂTRAL

CHOIX DE PIÈCES NOUVELLES

jouées sur tous les théâtres de Paris

ANACHARSIS,

ou

MA TANTE ROSE,

COMÉDIE-VAUDEVILLE EN UN ACTE,

par MM. Dumersan et...

RÉPRÉSENTÉE, POUR LA PREMIÈRE FOIS, A PARIS, SUR LE THÉATRE DU VAUDEVILLE,
LE 18 AVRIL 1835.

PERSONNAGES.	ACTEURS.	PERSONNAGES.	ACTEURS.
LA TANTE ROSE.	Mme Guillemin.	EUGÈNE.	M. Brindeau.
ANACHARSIS, son neveu.	M. Arnal.	DEUX VOYAGEURS.	{ M. Mathieu.
ROSALIE, sa nièce.	Mlle L. Mayer.		{ M. Ballard.
CLÉMENT, son intendant.	M. Lepeintre.	AUTRES VOYAGEURS.	
M. BRÉMONT.	M. Guillemin.		

La scène se passe aux environs d'Orléans.

Le théâtre représente un parc avec un mur et une grille dans le fond donnant sur la grande route. A droite du spectateur, une fontaine ; à gauche, un berceau. Banc, chaises et table de jardin.

SCENE PREMIÈRE.

ROSALIE, *seule, lisant sous le berceau.*

« Alfred pressait le cadavre sur sa poitrine de jeune homme, et il s'écriait : O toi, qui étais si belle, te voilà donc cadavre... et moi aussi je deviendrai cadavre... et nos deux cadavres...» (*Elle sanglotte.*) Mon Dieu ! qu'on écrit bien, aujourd'hui !... ces cadavres sont palpitans d'intérêt... et que de plaisir nous promet ce prospectus qui est presque aussi long que le livre... les beaux titres de romans ! (*Lisant.*) « Pour paraître à la fin du mois : *Sur la paille*, roman champêtre. » — Ah ! oui... pour faire suite à *Sous les tilleuls*... « *Les Grenouilles*, scènes maritimes. *Ut, ré, mi, fa, sol, la, si, ut*, rêve musical » nous avions déjà *Fa Dièze*... » Ah ! voilà ma tante Rose ! cachons bien vite mon roman... mais, où ?... il les font si grands aujourd'hui... autrefois, on les mettait dans la petite poche de son tablier, et tout était fini... Comment donc faire ?... il n'est plus temps... elle l'a vu...

La tante Rose est arrivée par la droite avec monsieur Brémont.

SCENE II.

ROSALIE, LA TANTE ROSE, BRÉMONT.

LA TANTE ROSE. Je t'y prends encore, Rosalie, tu lis de ces vilains romans du jour...

ROSALIE, *avec embarras.* Ma tante, celui-là est très-moral...

BRÉMONT. Oui, comme ils le sont tous... Le titre, mademoiselle...

ROSALIE, *lisant.* « *L'Adultère évité par le suicide.* »

BRÉMONT. Il est charmant, celui-là.

LA TANTE ROSE. Rosalie, donne-moi ce volume...

ROSALIE. Le voilà, ma tante.

LA TANTE ROSE, *le jetant dans la fontaine.* Je le ferai payer au cabinet de lecture... Je parie que c'est ce vieux fou de M. Clément qui te procure tous ces romans, en cachette. Si je l'y prends une fois, je le chasserai.

BRÉMONT. Et vous ferez fort bien, car c'est un poison véritable qu'il introduit dans le château...

ROSALIE, *à part.* Cela ne le regarde pas... de quoi se mêle-t-il ?

LA TANTE ROSE. Vous sortez, M. Brémont ?

BRÉMONT. Je vais, en me promenant, jusqu'à Orléans... deux petites lieues... c'est si tôt fait... je reviendrai pour le dîner.

ROSALIE, *à part.* Le vilain parasite.

LA TANTE ROSE. Je vais vous accompagner jusqu'au petit bois.

BRÉMONT. Non, restez... je marche plus vite que vous, et ça me gênerait. Au revoir, mesdemoiselles...

LA TANTE ROSE.

AIR : *Fragment d'Une bonne Fortune.*
Ne vous faites pas trop attendre ;

Monsieur, pensez à vos amis.

BRÉMONT, *s'éloignant.*

Mon retour ici va dépendre
Du courrier qui vient de Paris.

La tante Rose le reconduit jusqu'à la grille.

ROSALIE, *à elle-même.*

Monsieur Brémont, qui blâme mes lectures,
Près de ma tante, par momens,
Si l'on croyait aux aventures,
Aurait tout l'air d'un héros de romans.

ENSEMBLE.

A part.

Il peut fort bien se faire attendre;
Et, s'il en croyait mon avis,
Il ferait bien mieux de se rendre
Sur-le-champ lui-même à Paris.

LA TANTE ROSE.

Ne vous faites pas trop attendre;
Monsieur, pensez à vos amis.
Revenez vite nous apprendre
Ce qu'on vous écrit de Paris.

BRÉMONT, *en sortant.*

Si je me faisais trop attendre,
On n'en doit pas être surpris...
Mon retour ici va dépendre
Du courrier qui vient de Paris.

Il sort par le fond.

SCÈNE III.

ROSALIE, LA TANTE ROSE.

LA TANTE ROSE. Tu n'aimes pas M. Brémont, Rosalie?

ROSALIE. Vous conviendrez, ma tante, qu'il n'est pas aimable; et je ne sais pas comment vous pouvez garder si long-temps au château... ce vilain homme... Il n'a pas encore dit un seul mot aimable à qui que ce soit... et pourtant voilà déjà près de trois mois qu'il est ici... Est-ce qu'il ne s'en ira pas bientôt?

LA TANTE ROSE. Mais, non, car il me plaît à moi. Je le trouve loyal... franc... et quelquefois il est d'une gaieté...

ROSALIE. Jolie gaieté... il gronde toujours; aussi M. Clément, votre intendant ne peut pas le souffrir! (*A part.*) C'est comme moi.

LA TANTE ROSE. Oh! Clément! je sais bien pourquoi; mais laissons cela; je t'annonce une nouvelle qui doit te faire plaisir... Ton cousin Anacharsis arrive aujourd'hui.

ROSALIE. Encore un homme insupportable, à ce qu'on dit, car je ne l'ai jamais vu.

LA TANTE ROSE, *souriant.* Comme tu es difficile! Tiens, en attendant, tu vas faire connaissance avec son style...

Elle lui donne une lettre.

ROSALIE, *à part.* C'est bien amusant. (*Elle lit.*) « Ma belle tante... (*S'interrompant.*) Sa belle tante... (*A part.*) Le menteur! (*Continuant.*) « Je me trouve dans » une position qui me fait vivement sentir » le besoin de me rapprocher de vous. Les » plaisirs commencent à fatiguer ma brû- » lante imagination; et puis, je me repro- » che d'avoir négligé une tante chérie, une » tante adorée... Je serai au château de Far- » nal en même temps que ma lettre, si je » trouve une place dans la malle-poste. » J'embrasse ma chère tante de tout mon » cœur, et suis, pour la vie, son très-respec- » tueux, très-obéissant et très-dévoué ser- » viteur et neveu, ANACHARSIS DE FARNAL. » (*Parlant.*) Pour moi, je me passerais bien de sa visite.

LA TANTE ROSE. Tu verras... tu verras!... c'est un garçon fort aimable et qui a de l'esprit.

ROSALIE. Sans qu'il y paraisse.

LA TANTE ROSE. Silence, ma nièce!... et accoutumez-vous à respecter votre cousin... à l'aimer même... car il se peut que les arrangemens de ma fortune nécessitent un mariage entre vous...

ROSALIE, *à part.* Et mon Eugène!... Oh! non... je ne serai jamais qu'à lui.

LA TANTE ROSE. Je vais jusque chez mon fermier... Restez ici pour recevoir Anacharsis, s'il arrivait en mon absence.

Elle sort par la gauche.

SCÈNE IV.

ROSALIE, *seule.*

Oui, ma tante... Si je pouvais repêcher mon pauvre roman... peut-être qu'en le mettant au soleil... car enfin, j'ai encore trois chapitres à lire...

AIR :

Depuis que j'ai quitté Paris
Et que je ne vois plus Eugène,
Tous ces beaux livres que je lis
Ce n'est que pour tromper ma peine;
Moi je ne tiens pas aux romans,
Je sais les devoirs qu'on m'impose...
S'il m'écrivait de temps en temps,
Je ne lirais plus autre chose.

Elle s'approche de la fontaine pour en tirer le roman; on entend fredonner dans la coulisse.

Quelqu'un vient... Serait-ce M. Anacharsis... il est fort joli garçon, ce monsieur...

SCÈNE V.

ANACHARSIS, ROSALIE.

Il tient une cage et entre par le fond.

ANACHARSIS, *à la cantonade.* Merci!...

merci ! complaisant agricole... je te donnerai pour boire quand j'aurai vu ma tante.

ROSALIE, *à part.* Ah ! mon Dieu !... c'est lui !... il me fait peur !...

Elle se sauve derrière le berceau et disparaît.

SCENE VI.

ANACHARSIS, *seul.*

Ah ! me voilà donc au château de Farnal... chez ma tante Rose !... Quelle Thébaïde profonde !... Cette bonne tante doit se figurer, d'après ma lettre, que je viens la voir pour ses beaux yeux !... Ah ça... où mettre ma caille... car j'apporte une caille à ma tante Rose, qui raffolle des oiseaux. Vous me direz, pourquoi une caille ? pourquoi pas un serin, un émouchet, une orfraie ?... Je dirai que la caille est un oiseau de circonstance... je viens ici tout bonnement pour prier ma tante de payer mes dettes, la seule chose qui m'embarrasse, c'est d'entamer le chapitre du budget... Or, ma caille se chargera d'ouvrir la discussion d'une façon toute parlementaire, elle prendra la parole, en disant avec son éloquence accoutumée : « Paie tes dettes !... paie tes dettes !... » car elle n'a fait que ça tout le long du chemin, elle embêtait les voyageurs... (*Il pose sa cage sur une table à gauche.*) Maintenant elle ne dit rien... il n'y a pas de mal qu'elle réserve ses moyens pour ma respectable tante.

La tante Rose reparaît avec Rosalie.

SCENE VII.

ANACHARSIS, LA TANTE ROSE, ROSALIE.

LA TANTE ROSE. En effet !... c'est lui !... c'est Anacharsis !...

ANACHARSIS. Ah ! ma tante Rose !... ma jolie tante Rose !...

LA TANTE ROSE. Embrasse-moi, Anacharsis !

ANACHARSIS. Comment donc ! certainement ; je ne demande pas mieux.

Il embrasse Rosalie d'abord, ensuite sa tante, et revient encore pour embrasser Rosalie.

ROSALIE. Mais, monsieur, je ne sais pas pourquoi...

ANACHARSIS. Comment, mademoiselle... mais la voix de la nature me dit quelque part : Anacharsis, cette jolie personne est ta cousine germaine... Me suis-je trompé ?...

LA TANTE ROSE. Non vraiment... c'est bien Rosalie... Mais par où donc es-tu venu ?... J'ai envoyé Clément, mon intendant, au-devant de toi par le petit chemin de traverse...

ANACHARSIS. Oh ! je vais vous dire... je suis arrivé par la grande route... attendu que j'ignorais absolument l'existence de l'autre... et c'est peut-être pour ça que nous ne nous sommes pas rencontrés... (*Il prend la cage et la présente à sa tante.*) Permettez que je vous offre...

LA TANTE ROSE. Ah ! tu es bien gentil d'avoir pensé à moi !... Qu'est-ce que c'est ?

ANACHARSIS. Une caille de la plus belle espèce... et qui parle comme vous et moi. (*A part.*) Si elle pouvait ouvrir le bec, ce serait le moment de placer son petit mot : « Paie tes dettes !... paie tes dettes !... »

LA TANTE ROSE. Tiens !... mais pourquoi une caille ?...

ANACHARSIS. Ah ! voilà... pourquoi ?... (*A part.*) Il n'y a que moi qui sais le pourquoi... (*Haut.*) Parce que j'ai toujours remarqué que cet oiseau a du jugement ; ce n'est pas comme les linottes, qui sont folles, évaporées ; la caille a de l'expérience, et vous donne quelquefois de bons conseils en passant... ça vous a des petits raisonnemens tout gentils... (*Il lui parle.*) Peu... peu... Dites donc quelque chose à cette tante Rose... vous savez bien, ce que vous disiez dans la voiture...

LA TANTE ROSE. Ah ! tu lui avais appris quelque chose à mon intention ?

ANACHARSIS. Non !... elle répétait deux ou trois mots qu'elle avait entendu dire très-souvent à des personnes qui venaient chez moi... mon tailleur, mon bottier, mon propriétaire... vous savez... c'est un peu perroquet, la caille... Elle ne dira rien, il suffit qu'on l'en prie... elle parlera tout à l'heure. Je ne savais pas que ces petits oiseaux étaient si capricieux.

Il pose sa cage sur la table.

LA TANTE ROSE. Et Paris ?... comment l'as-tu laissé ?...

ANACHARSIS. Je l'ai laissé tourbillonnant et plus fashion que jamais.

LA TANTE ROSE. Donne-t-on beaucoup de pièces nouvelles ?

ANACHARSIS. Des boisseaux... des hectolitres... il y en a de bien bêtes... il y en a beaucoup même.

ROSALIE. Et les concerts ?

ANACHARSIS. Pullulent... il y en a des myriades...

LA TANTE ROSE. Le fashion, les myriades... où va-t-il prendre ces mots-là ?

ANACHARSIS. Le cornet à piston vous poursuit partout... vous allez au jardin Turc... vous entendez... (*Il imite le cornet.*) vous traversez les Champs-Elysées....

(*Deuxième imitation.*) à Passy... au Rane-
lagh... (*Il imite toujours le cornet.*) enfin de
tous côtés vous n'entendez que ça...

AIR : *L'étude est inutile.*

Aux jours de la conquête,
Quand nos soldats passaient,
Au son de la trompette
Les ennemis dansaient !
Maintenant la musique
A bien changé de ton :
La France, pacifique,
Substitue au clairon
Le cornet à piston ! (*bis*).
Les concerts du bon ton
Sont toujours à piston !
Je doit aussi vous dire
Comme on danse aujourd'hui :
C'est un charme, un délire,
Inconnus jusqu'ici !
Le trombonne commence
Un galop amoureux...
Puis, pour vous mettre en danse
Vient le tam-tam joyeux.
Dans une contredanse
Le tam-tam est heureux...
Le tam-tam est au mieux !
Non, rien n'est plus harmonieux,
C'est vraiment gracieux !
Aux accords des timbales,
Doux signal du plaisir,
Comme des cannibales
On aime à s'étourdir...
Pour rendre plus ingambes,
Quittant le flageolet,
Musard vous tire aux jambes
Trois coups de pistolet !
Pan ! pan ! pan !
Voilà de nos hivers
Les bals et les concerts. (*bis.*)

LA TANTE ROSE, *bas, à Anacharsis.* On
m'a dit que tu faisais des tiennes à Paris...
et que les femmes...

ANACHARSIS. Qu'est-ce qui dit des bê-
tises comme ça... Dam ! à Paris, pour peu
qu'on soit agréable... du physique... des
gants jaunes... on va son petit bonhomme
de chemin... mais je crois, belle tante,
que je vais devenir le plus fidèle des dandys...

LA TANTE ROSE. Des dandys ?

ANACHARSIS. Oui, je suis un dandy...
autrement dit un fashionable... ou, si
vous aimez mieux, un homme adorable.

ROSALIE, *à part.* Et fat, par-dessus le
marché...

ANACHARSIS. Vous dites, ma cousine ?

ROSALIE. Je ne dis rien... j'emporte votre caille au château ; elle a besoin de prendre quelque chose... elle n'a presque plus
rien dans sa cage...

ANACHARSIS. Ce n'est pas l'embarras,
elle est d'une bêtise amère aujourd'hui...
Emportez !... emportez !... l'oiseau peut se
vanter d'avoir été stupide.

Rosalie sort en emportant la cage.

SCENE VIII.

ANACHARSIS, LA TANTE ROSE.

LA TANTE ROSE. Ah ça ! te voilà donc
pour quelque temps avec nous ?...

ANACHARSIS. Je le voudrais, belle tante... mais il faudra que je reparte inconti-
nent...

LA TANTE ROSE. Comment ! un voyage
de trente lieues pour rester si peu...

ANACHARSIS. Que voulez-vous ? ils ne
peuvent pas se passer de moi là-bas...

LA TANTE ROSE. Enfin, n'importe... tu
as toujours bien fait de venir... je te sais
même gré de ce sacrifice, un peu tardif il
est vrai... car, sans reproche, voilà quatre
ans que je ne t'ai vu...

ANACHARSIS. Comment ! il y a tant
que ça !.. Absurdes plaisirs, qui m'ont re-
tenu si long-temps loin d'une si prodi-
gieuse tante...

LA TANTE ROSE. Avec six mille francs
de pension que tu reçois par an, tu dois
faire une jolie figure...

ANACHARSIS. Je ne me plains pas préci-
sément de la figure... mais les plaisirs du
grand monde sont devenus si chers... Votre neveu vous fait honneur, belle tante !..
seulement, il y a des jours... aux fins de
mois, par exemple...

LA TANTE ROSE. Explique-toi mieux...
je ne te comprends pas.

ANACHARSIS. Paris est un gouffre...
Paris est un minotaure... qui dévore les
capitalistes.

LA TANTE ROSE. Tu aurais des dettes ?

ANACHARSIS. Hélas ! oui, ma jeune
tante... jamais votre neveu ne vous en aurait parlé le premier... mais puisque vous
avez pris l'initiative...

LA TANTE ROSE, *souriant.* Tu as des det-
des... ah ! je devine à présent, la caille :
« paie tes dettes... paie tes dettes...»

ANACHARSIS. Oui, ma tante... voilà ce
que l'oiseau me cornait aux oreilles du
matin au soir !.. j'avais beau lui répondre :
« Paie tes dettes... paie tes dettes...» c'est
aisé à dire... les conseilleurs ne sont pas
les payeurs... Eh bien ! admirez la délica-
tesse de ce petit animal... elle n'en a pas
ouvert le bec devant vous... ce n'est pas
une pie qui aurait eu cette discrétion... et
comme le motif était ingénieux !.. je ne

pouvais pas venir vous dire : Bonjour, ma tante... je ne vous ai pas vue depuis quatre ans... je dois dix mille francs, payez-les... et bonsoir la compagnie... je m'en vas... c'eût été bien leste...

LA TANTE ROSE. J'aurais mieux aimé cette franchise...

ANACHARSIS. Eh bien ! je serai franc... je dois dix mille francs... donnez-les-moi, et je m'en irai le plus fortuné des neveux.

LA TANTE ROSE. Cela m'est impossible...

ANACHARSIS. J'ai attendu le plus que j'ai pu ; mais, me voyant harcelé, poursuivi, au moment d'être appréhendé... j'ai pensé à ma tante Rose... et je me suis dit : Elle est aussi bonne que belle.

LA TANTE ROSE. J'en suis bien fâchée, mais je ne paierai pas.

ANACHARSIS. Vous ne paierez pas... et si l'on me donne un logement au nouvel hôtel de la rue de Clichy ? Vous vous direz donc sans frémir : J'ai un neveu qui languit dans les fers, et c'est moi qui fais un esclave d'un homme libre... car enfin je suis un homme libre !.. jusqu'à présent...

LA TANTE ROSE. Tout ce que je puis faire, c'est de te garder ici... tu y seras en sûreté et en liberté... mais je ne donnerai pas un sou.

ANACHARSIS. Alors, je peux compter là-dessus... et je ne dirai plus rien... Cependant il y a encore une chose à dire...

LA TANTE ROSE. Je ne t'écoute plus.

ANACHARSIS. Une chose essentielle... fondamentale... sans réplique...

LA TANTE ROSE. Eh bien ! quoi ?

ANACHARSIS. C'est que vous êtes ma tante, et que je suis votre neveu.

LA TANTE ROSE. Eh bien !.. les tantes sont-elles tenues de payer ?..

ANACHARSIS. Selon les lois de la nature et les habitudes sociales...

LA TANTE ROSE. Brisons là, Anacharsis... Si vous m'en reparlez, je vous déshérite... Encore une fois, et pour la dernière, je ne paierai pas... Restez ici, si vous le voulez... et si vous allez à Paris, vous pouvez emporter votre caille.

Elle sort.

ANACHARSIS, *la suivant.* C'est votre dernier mot, ma jolie tante ! ma charmante...

Il s'arrête.

SCENE IX.

ANACHARSIS, *seul, revenant sur le devant de la scène.*

Vieille éternelle, va !.. comptez donc sur vos parens, d'une manière ou d'une autre... Me voilà bien avancé, avec ma caille... on peut bien la mettre entre deux feuilles de vigne, pour l'agrément qu'elle m'a procuré... Elle est gentille aussi, ma tante Rose... Moi qui comptais m'en retourner à Paris le gousset garni, et recommencer ma vie de sybarite... car je vis comme un véritable Athénien... Rester ici, j'y mourrai d'ennui... Rentrer à Paris, je vais me faire saisir à la barrière comme un objet de contrebande... j'ai cinq huissiers à mes trousses, et un nombre illimité de recors... Ah ! si, au lieu d'une tante, j'avais un oncle !... les oncles paient toujours les dettes de leurs neveux... ces bonnes ganaches d'oncles... depuis ceux d'Amérique jusqu'à ceux de la rue Quincampoix... Enfin tous les oncles des nations civilisées... Cela se voit partout... dans le monde, dans les comédies... eh bien ! oui... mais c'est que je n'ai pas d'oncle... je n'ai qu'une tante... être d'égoïsme et de superfétation, qui se complaît dans ses quarante mille livres de rente... et dans le désastre du fils de sa sœur... ou de son frère. (*Avec violence.*) Et pourquoi donc n'ai-je pas d'oncle, quand tout le monde en a ?... pourquoi ?... parce que ma mère n'a eu qu'une sœur, et que ma tante est restée demoiselle... (*Frappé d'une idée.*) Si je la mariais ?... Si je la mariais !.. j'aurais un oncle, à l'instant même... un oncle, auquel je dirais : Farceur, je t'ai fait épouser ma tante Rose, qui a quarante mille livres de rente... tu vas payer mes dettes plus vite que ça... ohé ! quelle idée ! quelle idée immense !... Toutes les vieilles filles sont crédules, romanesques... et si je trouvais un individu un peu propre dans le pays... Mais, j'y pense... si je l'épousais moi-même... Voilà qui serait commode...

AIR : *Vaudeville du Passe-partout.*

En contractant ce mariage,
Dont les intérêts seraient grands,
Il aurait le double avantage
De doubler aussi mes parens.
En y pensant j'en ai l'âme contente,
Si l'hymen exauçait mon vœu,
J'aurais l'honneur en épousant ma tante
D'être à la fois mon oncle et mon neveu,
Oui, je serais mon oncle et mon neveu.

Oh ! si ma tante voulait... oui, mais ma tante ne voudrait pas... c'est une femme à scrupules... Il faut donc que je me cherche un autre oncle que moi-même... mais il m'en faut un... n'en fût-il plus au monde !

SCENE X.

ANACHARSIS, CLÉMENT.

CLÉMENT, *sans voir Anacharsis.* Ma foi,

ANACHARSIS, *à part, et le regardant.* Ah!
ça mais... voyons donc... il a le physique

SCÈNE XI.

CLÉMENT, seul.

[...] douceur!...

SCÈNE XII.

CLÉMENT, EUGÈNE.

EUGÈNE, *entrant.* Monsieur, n'est-ce pas
ici le château de Farnal?

CLÉMENT. Oui, monsieur.

EUGÈNE. Pourriez-vous me dire si monsieur Anacharsis est arrivé?

CLÉMENT. Il arrive à l'instant même, monsieur.

EUGÈNE. Voudriez-vous lui annoncer qu'un de ses amis de Paris désire l'embrasser en passant?

CLÉMENT. Si monsieur veut me suivre au château?

EUGÈNE. Non... je ne puis m'arrêter... j'ai devancé la diligence qui monte la côte...

CLÉMENT. Je vais avertir monsieur Anacharsis.

Il sort.

SCÈNE XIII.
EUGÈNE, seul.

Ce cher Anacharsis... notre situation est à peu près pareille... il a quitté Paris pour fuir ses créanciers... et moi, je me suis échappé de Sainte-Pélagie, habillé en femme... c'est délicieux. Mais le moyen de retourner dans la capitale avant d'avoir payé le barbare qui me tenait sous les verroux, sans égard pour mon cours de médecine, qui n'est pas fini, et pour l'amour qui me portait à courir après ma belle inconnue... Elle n'aura plus su ce que j'étais devenu... En reprenant ma liberté, mon premier soin a été de voler à son pensionnat... elle était partie depuis trois mois pour la province... quelle province? personne n'a pu me l'apprendre... elle m'oubliera probablement, et me voilà forcé de faire comme elle.

SCÈNE XIV.
EUGÈNE, ANACHARSIS.

ANACHARSIS, sans voir Eugène. Ma tante est furieuse des amours de son intendant... je l'ai laissée aux prises avec lui... il s'en débarbouillera comme il pourra... Qu'est-ce qui peut me demander?.. (Apercevant Eugène). Dieu! Eugène de Verbois!..

EUGÈNE. Moi-même... embrassons-nous...

ANACHARSIS. Attends!.. (A part.) Parbleu, voilà mon Dieu, mon sauveur, mon oncle... (Déclamant.)

« Oui, puisque je retrouve un ami si fidèle,
» Ma fortune va prendre un visage tout-à-fait nou-
[veau... »

(Il le prend par la main et lui a fait descendre la scène.)

EUGÈNE. Laisse là tes folies... la diligence va venir...

ANACHARSIS. La diligence!.. et tu crois que je te laisserai partir... toi, le plus aimable, le plus joli garçon du quartier latin... toi, qui emportes les cœurs d'assaut; toi, qu'adorent les filles, les épouses, les nièces (appuyant) et les tantes... Eugène, les tantes!..

EUGÈNE. Ah ça! es-tu fou?

ANACHARSIS. Veux-tu me faire l'amitié d'accepter quarante mille livres de rente?

EUGÈNE, tendant la main. Donne.

ANACHARSIS. Tu crois que je plaisante, facétieux carabin!.. Réponds à mes questions... ton cœur de jeune homme est-il libre?

EUGÈNE. A peu près.

ANACHARSIS. Alors tu n'aurais aucune répugnance à contracter un brillant mariage?..

EUGÈNE. Ma foi, non... je ne suis pas sans y penser...

ANACHARSIS. Quel âge voudrais-tu trouver dans celle qui t'apporterait cette dot colossale?

EUGÈNE. Eh! j'irais bien jusqu'à la quarantaine...

ANACHARSIS. Oh! instinct de la fortune! il a mis le doigt dessus...

EUGÈNE. Que veux-tu dire?

ANACHARSIS. Ecoute... parlons peu... mais parlons bien et vite, car le temps presse... J'ai une tante, Eugène, une tante, qui est encore potable... encore fraîche, bonne, joviale, libérale... veux-tu l'épouser?

EUGÈNE, surpris. Moi!..

ANACHARSIS.

Air de la Famille de l'Apothicaire.

Pour fixer les plus inconstans,
Mon cher, tu sauras que ma tante
Possède, avec ses quarante ans,
Quarante mille francs de rente...
Si d'autres comptent leurs vertus
Par le nombre de leurs journées,
Elle compte ses revenus
Par le nombre de ses années.

EUGÈNE. Ah ça! tu plaisantes...

ANACHARSIS. Non, il s'agit ici de payer mes dettes... et d'être pour moi l'oncle qui revient des grandes Indes, ou d'Amérique, comme tu voudras... ou des grandes Indes. Veux-tu revenir d'Amérique?

EUGÈNE. Ah! je comprends. Parbleu! l'idée est originale... mais ta tante voudra-t-elle de moi?..

ANACHARSIS. J'en réponds, si tu veux être ici l'homme aimable du quartier latin... le Joconde de la grande Chaumière.

EUGÈNE. Il est sûr qu'au Luxembourg...

ANACHARSIS. Toutes les vieilles filles ont le cœur tendre... et ma tante Rose, sans être une tante Aurore, ni même une tante Ulurette, doit avoir des idées comme une autre... Fais-lui ta déclaration d'abord... je me charge du reste...

EUGÈNE. Ma foi, puisque cela t'arrange... ce mariage me convient sous tous les rapports!.. J'avais pourtant juré un amour éternel à une jeune fille...une pensionnaire de la rue Barbette. Ah! mon cher quel ange!

ANACHARSIS. Veux-tu bien me laisser tranquille avec ton ange de la rue Barbette. (*Indiquant la cantonade*). Tiens, voilà l'ange qu'il te faut!

EUGÈNE. Quoi! cette dame?..

ANACHARSIS. C'est ma tante, mon ami.

EUGÈNE, *voulant s'en aller*. Sans adieu, Anacharsis.

ANACHARSIS, *le retenant*. Reste, enfant, et songe que le bonheur s'avance vers toi.

EUGÈNE, *à lui-même*. O fortune!... tu coûtes quelquefois bien cher...

SCENE XV.
LES MÊMES, LA TANTE ROSE.

ANACHARSIS. Belle tante!.. permettez-moi de vous présenter M. Eugène de Verbois, le meilleur de mes amis.

LA TANTE ROSE. Monsieur, je suis ravie que mon neveu me procure le plaisir de vous voir... (*Bas, à Anacharsis*). Il est fort bien ce jeune homme.

ANACHARSIS. N'est-ce pas? (*A Eugène.*) Ferme, elle te trouve bien.

EUGÈNE. Combien je me félicite, madame...

ANACHARSIS. Tu peux dire hardiment mademoiselle, sans craindre de commettre une erreur de position... Oui, mon ami, ma belle tante Rose est encore une pure et simple demoiselle.. mais c'est parce qu'elle n'a pas voulu... car si elle avait voulu... et si elle voulait encore...

LA TANTE ROSE. Taisez-vous, Anacharsis...

ANACHARSIS. Belle tante... il ne faut pas rougir pour ça.

LA TANTE ROSE. Finissez.

ANACHARSIS. Eh bien! je ne dirai plus rien... Mais mon ami parlera. Parle, Eugène, parle, et surmonte la timidité d'un premier amour... un premier amour, belle tante! un premier amour... c'est si rare!..

LA TANTE ROSE. Quel galimatias me fais-tu donc là?

ANACHARSIS. Mais explique-toi donc... et répète à cette excellente tante ce que tu me disais tout à l'heure avec tant de véhémence et d'exubérance!

EUGÈNE, *bas, à Anacharsis*. En vérité, je n'ose plus...

ANACHARSIS. Homme pusillanime... je vais parler pour toi... approuve-moi du geste et du regard.

LA TANTE ROSE, *inquiète*. Et que vous disait monsieur, Anacharsis?

ANACHARSIS. Il me disait que l'an dernier, à la même époque... à la fête patronale de cette commune...

EUGÈNE, *bas*. C'est la première fois que j'y viens.

ANACHARSIS. Il me disait, dis-je, qu'à cette fête patronale, communale ou municipale... il avait aperçu une femme... remarquablement belle... une femme difficile à expliquer... ce n'était plus un enfant... elle avait encore ce coloris des roses du printemps que l'on ne doit qu'à la nature... ou au parfumeur... Il la vit, ma tante, cette femme, et soudain l'amour le mordit au cœur, il en devint fou... fou... comme Salvoisy... car cette femme avait un port de reine!

LA TANTE ROSE, *à part*. Où veut-il en venir?...

ANACHARSIS, *bas*. Elle est rêveuse... voilà que ça prend.

EUGÈNE. Va toujours.

ANACHARSIS. Depuis ce jour, sa passion ne fait que croître et embellir... Il n'a rêvé qu'à sa reine... et l'espoir seul d'obtenir sa main l'a ramené dans ce pays... Il connaissait mon amitié pour lui... adorable tante! et il est venu me prier, le rouge au front et les larmes aux yeux, de le conduire à vos genoux... (*Bas, à Eugène*). A genoux; elle est émue.

LA TANTE ROSE. A mes genoux?...

ANACHARSIS. Viens, intéressant ami... viens, que je t'y conduise moi-même... Ma tante Rose, ou plutôt ma rose de tante est prête à entendre, que dis-je! est prête à couronner ton immense passion! (*Bas.*) Chaud, chaud...

EUGÈNE, *à genoux*. Quoi! mademoiselle, je pourrais espérer...

LA TANTE ROSE. Monsieur, que signifie.

SCENE XV.
LES MÊMES, ROSALIE.

ROSALIE, *accourant*. Ma tante! ma tante! (*Avec un cri.*) Ah! monsieur Eugène!

EUGÈNE, *se relevant*. Rosalie!... oui, mademoiselle, oui, je suis accouru de Paris pour vous demander la main de votre nièce adorée.

ROSALIE. Ah! mon Dieu !

ANACHARSIS, *ébahi*. Qu'est-ce que tu dis? qu'est-ce que tu dis?

EUGÈNE. Je dis que j'aime mademoiselle Rosalie depuis un an, que je ne puis aimer qu'elle... que le bonheur de ma vie est de l'obtenir de sa respectable tante.

ANACHARSIS, *à part*. C'est l'ange de la rue Barbette... Que le diable l'emporte!

LA TANTE ROSE. Monsieur, voilà une singulière manière de faire une demande en mariage... Mais j'ai toujours eu beaucoup d'indulgence pour la jeunesse... et pour les faiblesses du cœur surtout... si vous voulez me suivre au château, vous allez me faire connaître votre famille... et nous verrons si les convenances... (*A Rosalie.*) Tu ne m'avais pas parlé de monsieur?

ROSALIE. J'y pensais pourtant tous les jours, ma tante.

LA TANTE ROSE. Ah! ah! fort bien. (*A Eugène*). Donnez-moi le bras jusqu'au château, monsieur.

ANACHARSIS, *arrêtant Eugène*. Du tout! voilà la diligence, et monsieur est obligé de repartir.

EUGÈNE. La diligence partira sans moi... Ah! mon ami, que je te remercie! tu m'as rendu le plus heureux des hommes!

LA TANTE ROSE. Anacharsis, je suis contente de toi... voilà un beau trait... parler pour son ami... quand tu étais toi-même au moment d'épouser ta cousine.

EUGÈNE. Comment... tu pouvais toi-même? Oh! que je t'embrasse encore!...

Il l'embrasse avec violence.

ANACHARSIS, *le repoussant*. Va donc embrasser ton ange de la rue Barbette!

LA TANTE ROSE.

AIR : *Suivons, suivons cette jeunesse.*
Fidèle ami, bon camarade,
Dieu! quel cœur et quel dévoûment!
Vraiment Oreste pour Pylade
N'en aurait jamais fait autant.

EUGÈNE.
Que bientôt le ciel te le rende !...

ANACHARSIS, *consterné, à lui-même*.
C'est un oncle que je demande...
Et je ne trouve qu'un cousin...
Un odieux cousin!

EUGÈNE, *lui serrant la main*.
Encor... encor... ta main !...

ENSEMBLE.
ANACHARSIS, *à part*.
Fidèle ami!... bon camarade!...
Je ne suis pas, pour le moment,
Avec Oreste, avec Pylade,
Propre à faire du sentiment...

LES TROIS AUTRES.
Fidèle ami!... bon camarade!... etc.

Eugène a offert son bras à la tante Rose; ils sortent, ainsi que Rosalie.

ANACHARSIS, *se laissant aller sur un banc.* Je suis abruti... et de deux oncles, qui m'échappent... qui me... filent dans la main...

SCENE XVII.

ANACHARSIS, CLÉMENT, *les yeux mouillés de larmes et portant un paquet.*

CLÉMENT. Après vingt-trois ans de fidélité... me chasser comme un vagabond !..

ANACHARSIS. Ah! voilà mon Bernardin de Saint-Pierre.

CLÉMENT. Ah! monsieur, je ne vous ferai point de reproches, car votre intention était bonne et louable ; mais vous m'avez fait bien du mal en dévoilant mon pudique amour à mademoiselle. Elle m'a mis à la porte sans pitié... elle est si chaste et si pudibonde !..

ANACHARSIS. Elle est bégueule...

CLÉMENT. Oh! pouvez-vous parler ainsi de la femme la plus vénérable du département... Je perds ma place... une place superbe... mais je l'aimerai toujours...

ANACHARSIS. La place !.. vieillard? je le conçois, car tu t'y es arrondi... conviens que tu t'y es arrondi... Mirabeau tonneau !..

CLÉMENT. Je ne parle pas de la place, je parle de...

ANACHARSIS. Assez, vieillard... assez! je n'ai plus besoin de tes caduques amours; mais tu pourrais peut-être m'être utile... par tes conseils... Ne connaîtrais-tu pas dans les environs quelqu'un qui fût susceptible de pouvoir, au besoin, faire un oncle... présentable?

CLÉMENT. Moi! que je travaille au bonheur d'un autre...

ANACHARSIS. Écoute, Clément, fais-moi trouver le parent que je cherche, et j'y mettrai pour condition que ta place d'intendant te sera rendue.

CLÉMENT. En vérité... Oh! alors, on peut s'entendre.

Il va poser sa valise sur le banc.

ANACHARSIS. Eh bien! as-tu l'idée d'un oncle?

CLÉMENT. Monsieur... je crois que je tiens notre affaire... mais c'est vraiment bien cruel!

Il soupire.

ANACHARSIS. Laisse tes soupirs, et parle-moi avec tes cheveux blancs. Tu dis donc que tu as l'objet en question?

CLÉMENT. Je le présume... Écoutez-moi: Depuis deux mois environ... nous avons au château un homme... entre deux âges... qui me paraît ne pas déplaire... à mademoiselle...

ANACHARSIS. Un homme entre deux âges !

CLÉMENT. La jalousie y voit clair... et que de nuits blanches elle m'a fait passer ! *Il soupire.*

ANACHARSIS, *lui frappant sur le ventre.* Rengaine... rengaine...

CLÉMENT. Ce monsieur et votre tante se promènent souvent tous deux, le soir, très-tard, dans le parc... quand il fait beau... et quand il pleut... ils lisent quelquefois ensemble... dans la chambre à coucher de mademoiselle... jusqu'à une heure du matin.

ANACHARSIS. Jusqu'à une heure du matin... dans la chambre de ma respectable tante !

CLÉMENT. Je dis une heure, comme je dirais trois, comme je dirais quatre, comme je dirais cinq.

ANACHARSIS. Que ne dis-tu toute la nuit ?

CLÉMENT. C'est vous qui l'avez dit ! car, hier, comme je guettais la sortie de ce monsieur, selon mon habitude, pour m'assurer qu'il ne restait pas...

ANACHARSIS. Eh bien! vieillard?

CLÉMENT. Eh bien ! monsieur, il n'est sorti qu'à six heures trois quarts passés du du matin.

ANACHARSIS. Comme qui dirait sept heures... Clément... je tiens mon oncle !

AIR de la Sentinelle.

Ah! c'est ainsi, scélérat d'étranger!
Tu viens la nuit déshonorer ma tante!
Mais je suis là... je saurai la venger...
Et l'hymen seul peut venger une amante!...
A nous deux donc, infâme séducteur!
Je te ferai, pour prix de tes fredaines...
   Chez le maire, vil suborneur,
   Payer la dette de l'honneur...
   Et tu paîras aussi les miennes...
    D'abord les miennes !...

CLÉMENT. Vous savez nos conventions.

ANACHARSIS. Conduis-moi vers ce célibataire dissolu.

CLÉMENT. Tenez !... le voilà justement qui revient de sa promenade accoutumée.

ANACHARSIS. Il déshonore ma tante... et il se promène... la canne à la main encore !... Nous allons voir...

* * *

SCENE XVIII.

LES MÊMES, BRÉMONT.

BRÉMONT, *à lui-même, sans voir les autres.* Parbleu ! voilà d'excellentes nouvelles pour le château ; aussi, grand gala pendant trois jours !

CLÉMENT, *bas.* Ça ne lui coûte rien.

ANACHARSIS. Grand gala? monsieur !... grand gala? c'est donc apparemment le repas de vos fiançailles... avec mademoiselle de Farnal... que vous voulez faire?...

BRÉMONT, *étonné, mais froidement.* Monsieur, je n'ai pas de compte à vous rendre.

ANACHARSIS, *élevant la voix.* C'est ce qui vous trompe, monsieur, car vous voyez en moi Benjamin-Anacharsis de Farnal, l'unique neveu de votre victime.

BRÉMONT. Ah! c'est vous, monsieur, qui êtes ce neveu mauvais sujet dont on m'a parlé?

ANACHARSIS, *à lui-même.* Mauvais sujet est très-joli... (*Haut.*) Monsieur, ma conduite ne vous regarde pas.

BRÉMONT, *le contrefaisant..* C'est ce qui vous trompe, monsieur... car j'ai promis à votre tante de vous faire rentrer dans la bonne route.

ANACHARSIS. Je vous trouve plus beau que nature, par exemple !... c'est bien vous qui allez y rentrer dans la bonne route... et plus vite que ça... en épousant ma tante ce soir même... ce soir même, entendez-vous !...

BRÉMONT. Ah! vous voulez que j'épouse votre tante?

ANACHARSIS. Je le veux! je l'exige! en réparation du tort que vous avez fait à son honneur ; car tout le monde vous a vu, par les yeux de ce vieillard jaloux... sortir de la chambre à coucher de la maîtresse de céans... à sept heures moins un quart du matin... (*criant*) sept heures moins un quart, monsieur... (*A Clément.*) Et il était peut-être en robe de chambre?

CLÉMENT. Monsieur, je n'ai pas dit...

ANACHARSIS. Vous l'entendez... je vous somme d'épouser ma tante Rose... à condition que vous paierez dix mille francs de dettes que j'ai laissées sur le pavé de Paris.

CLÉMENT, *bas.* Et moi !

ANACHARSIS, *à Clément.* C'est moins pressé, toi !

BRÉMONT. Monsieur... qui me sommez à condition... écoutez bien ce que je vais vous dire : Je ne paierai pas vos dix mille francs de dettes... par des raisons à moi connues... et je n'épouserai pas mademoiselle votre tante... attendu que je suis marié. J'ai bien l'honneur de vous saluer.

Il rentre au château.

* * *

SCENE XIX.

ANACHARSIS, CLÉMENT,

Ils se regardent quelque temps sans rien dire.

ANACHARSIS. Marié!... marié!...

CLÉMENT. Dieu! quelle perversité!

ANACHARSIS, *hors de lui.* Encore un de manqué!... Mais qu'est-ce que je fais? je suis là... je patauge au milieu des oncles... je barbotte... Ah! je n'en aurai pas le démenti, j'aurai un oncle, quand je devrais me poster là... à la grille, sur la grande route, comme un bandit, comme un assassin, et dire à chaque passant : Sois mon oncle, ou la vie!... (*On entend le bruit d'un fouet de postillon.*) Justement, voici la diligence!.., si j'arrêtais la diligence!... je suis capable de l'arrêter... (*Il court à la grille.*) Tiens, elle s'arrête toute seule... les voyageurs en descendent... ils viennent par ici... qu'est-ce que cela veut dire? Est-ce qu'il m'arriverait des oncles par *Laffitte et Caillard?...*

BRÉMONT, *sortant du côté du château.* Décidément, il perd la tête!... et je n'ai plus qu'un moyen de salut.

SCENE XX.

ANACHARSIS, Plusieurs Voyageurs.

CHOEUR.

Air : *Contredanse de Musard.*

Amis, notre/votre voyage est beau...

Le plaisir nous/vous héberge,

Et nous trouvons/vous trouvez sur ce coteau
    Pour auberge
    Un château.

1er VOYAGEUR. Monsieur pourrait-il nous dire si c'est ici le château de Farnal?

ANACHARSIS. Oui, messieurs, c'est ici , et vous parlez au neveu de la maison!... (*A lui-même.*) Ils connaissent ma tante... c'est charmant!... Ils connaissent ma tante! (*Au deuxième voyageur.*) Monsieur voyage en garçon?

2e VOYAGEUR. Hélas! monsieur...

ANACHARSIS, *à part.* Il me fait frémir...

2e VOYAGEUR. J'ai le désagrément d'être veuf...

ANACHARSIS. Veuf!... (*A part.*) En voilà toujours un... (*Haut, et lui frappant sur l'épaule.*) Vous êtes veuf, mon brave homme?... j'estime beaucoup cette classe privilégiée...

2e VOYAGEUR, *essuyant une larme.* Veuf... inconsolable...

ANACHARSIS. Oh! oh! si vous trouviez une demoiselle d'un certain âge, d'une fortune certaine!...

2e VOYAGEUR, Jamais, monsieur, jamais!... j'ai perdu ma femme au 18 brumaire, et j'ai fait graver sur sa tombe : « Attends-moi, je te rejoindrai bientôt. »

ANACHARSIS. Eh bien! puisqu'elle vous attend depuis le 18 brumaire, elle peut bien vous attendre encore un peu... (*Il lui tourne le dos, s'adressant aux autres.*) Et ces messieurs, sans trop de curiosité... sont-ils en puissance de femmes?...

1er VOYAGEUR. Quant à moi, libre comme l'air... et ces messieurs aussi...

ANACHARSIS. Tous garçons..., tous disponibles... c'est ravissant!

1er VOYAGEUR, *aux autres.* Il est original, ce jeune homme...

ANACHARSIS. Eh bien! messieurs, j'ai une proposition à vous faire... moi, je n'irai pas par quatre chemins... d'autant plus que... Eh! mon Dieu! c'est souvent le hasard... en deux mots, nous avons ici, ici même, une demoiselle à marier... mademoiselle Rose de Farnal, ma tante... cette tante que vous connaissez tous!...

2e VOYAGEUR, *aux autres.* Ah! ça, mais, dites donc... il est fou apparemment...

1er VOYAGEUR. C'est égal!... il est drôle... (*Haut.*) Comment, monsieur! vous voulez marier mademoiselle Rose de Farnal?

ANACHARSIS. Oui, messieurs, je cherche à l'établir avantageusement pour elle... et pour moi.

2e VOYAGEUR. Mais c'est un parti superbe.

ANACHARSIS. Une véritable budget à marier.

1er VOYAGEUR. S'il en est ainsi, nous nous mettons tous sur les rangs.

TOUS LES VOYAGEURS, *appuyant.* Tous!

ANACHARSIS. Jusqu'au veuf inconsolable! (*A lui-même.*) J'espère que voilà l'oncle qui redonne d'une fière force. (*Haut.*) Seulement, messieurs, je dois vous prévenir que, si l'un de vous agréait, il y aurait une petite condition.

TOUS LES VOYAGEURS. Nous accceptons d'avance.

ANACHARSIS. Eh bien! mes futurs oncles.... en avant, marche!.., Et deux par deux... deux par deux pour éviter la confusion. Ma tante Rose va vous passer en revue... défilons dans le plus grand ordre... (*A lui-même.*) En voilà-t-il une pacotille! une émeute d'oncles!...

REPRISE DU CHOEUR.

Amis, notre/votre voyage est beau, etc.

         Ils vont pour sortir.

SCENE XXI.

Les Mêmes, LA TANTE ROSE, BRÉMONT, ROSALIE, CLÉMENT, EUGENE.

ANACHARSIS, *aux voyageurs.* Halte, messieurs; voici ma tante.

Les voyageurs saluent.

LA TANTE ROSE, *gaiement* Eh bien! Anacharsis, que vient de me dire Clément?... Tu me cherches partout des maris.

Les voyageurs rient à part avec Brémont qui est allé vers eux.

ANACHARSIS. Clément dit vrai, délicieuse tante... votre neveu, qui vous aime, ne peut souffrir plus long-temps de vous voir traîner des jours encore si beaux dans l'atonie du célibat... et depuis ce matin, je travaille à vous marier... voilà...

LA TANTE ROSE. Je te remercie de ta sollicitude; mais si tu avais pris la peine de me consulter, je t'aurais dit de t'épargner ce soin... car depuis deux mois je suis mariée.

ANACHARSIS. Mariée!...

CLÉMENT, *se laissant tomber sur une chaise.* Mariée!...

ANACHARSIS, *à sa tante.* Et... y aurait-il de l'indiscrétion à vous demander avec qui?

BRÉMONT, *froidement.* Avec moi, monsieur...

ANACHARSIS. Avec vous? le seul prétendant qui ait refusé de s'engager à payer mes dettes.

BRÉMONT. Elles seront payées, monsieur.

ANACHARSIS. Payées! et... y aurait-il encore de l'indiscrétion à vous demander par qui?

BRÉMONT. Par moi!

ANACHARSIS. Ma caille vous a donc dit...?

BRÉMONT. Monsieur Anacharsis, j'ai promis à votre tante que je vous ferais marcher droit.

ANACHARSIS. Impossible, mon oncle.. puisque je vais marcher courbé sous le poids de vos bienfaits... Mais je ne reviens pas de ma surprise... ma tante en puissance de mari? pourquoi ce grand mystère? vous êtes majeurs tous les deux.... vous n'aviez donc pas besoin de papa et de maman.

LA TANTE ROSE. J'attendais, pour déclarer mon mariage, l'issue d'un procès dont M. Brémont vient de m'annoncer l'heureuse réussite.

BRÉMONT, *montrant les voyageurs.* Et tous les futurs que vous destiniez à ma femme sont des amis d'Orléans... que j'avais invités à notre repas de noces...

TOUS LES VOYAGEURS, *riant.* Ha! ha! ha! ha!

ANACHARSIS. Ah! oui, le grand gala... de sorte que ces messieurs savaient... et l'homme au 18 brumaire aussi... j'y suis... Ah! bien... bien...

CLÉMENT, *à part, soupirant.* Elle était mariée!

EUGÈNE. Madame... puis-je espérer?...

LA TANTE ROSE. Demain j'écrirai à votre père... et s'il consent à ce mariage, Rosalie est vous.

ROSALIE. O ma bonne tante...

LA TANTE ROSE. Clément, je vous pardonne...

CLÉMENT. Ah! mademoiselle... tant de bonté! (*Bas, à Anacharsis.*) Vous n'avez parlé de mon amour qu'à mademoiselle?

ANACHARSIS. A elle seule... vieillard... dérobe ta faiblesse à la multitude... va pleurer plus loin.

CLÉMENT, *joignant les mains.* Alors, je vous en prie... que mon secret meure avec vous!

ANACHARSIS. J'aime autant qu'il meure avec toi... grosse bête...

CHOEUR.

Air *du Châlet.*

Honneur, honneur aux oncles bienfaisans,
    Généreux, indulgens...
      Providence des jeunes gens!
Honneur, honneur aux oncles bienfaisans,
    Voilà les meilleurs des parens!

ANACHARSIS, *au public.*

Des oncles, moi, j'ai la manie;
J'en voudrais la salle garnie
    Du haut en bas.
Si le public plein d'indulgence
A son neveu plein d'espérance
    Tendait les bras...
Je me dirais, en palpant les recettes,
Qui, chaque soir, rembourseraient mes dettes:
Honneur, honneur aux oncles bienfaisans...
    Voilà les meilleurs des parens!
Honneur, honneur aux spectateurs payans!
Voilà pour nous les meilleurs des parens!

CHOEUR.

Honneur, honneur aux oncles bienfaisans!

PARIS. — IMPRIMERIE DE Mme Ve DONDEY-DUPRÉ,
Rue Saint-Louis, 46, au Marais.